小林カツ代の「母おかず」

基本の和食

小林カツ代キッチンスタジオ

～この本に寄せて～

ケンタロウ（料理家）

カツ代は根っから料理が好きな人で、ほんとうに料理のこと、食べ物のことを考えているんだなあとよく思った。研究・探求・追求するということだけではなく、おいしいものを食べた思い出などもそこには含まれていて、そういう話は尽きることがない。

料理研究家なんだから当たり前だろうと思われるでしょうが、しかしそれにしたって、というぐらい。

全体的に豪快で大ざっぱなキャラクターなのだが、こと料理については案外綿密に考えているところがあって、料理をおいしく作るうえで、なぜその作業をするのか、なぜその作業は必要ないのか、理由が常にある。

子供のころは、もちろんそんなこと気にしたこともなかったし、夕食の支度を手伝っている間、カツ代はこれにはこういう理由があるんだと言っていたとしても、ふーんと答えて右から左に聞き流していたはずだ。食卓でもただうまいと食べていた。

そういう日々の料理の裏の作業のひとつひとつに理由があると知ったのは、自分も同業に就いてさらにしばらくしてからだ。

本人のキャラクターからは想像しにくいが、料理はまずは科学であり、科学をベースにしてそのうえに勘やその他、例えば気分や思い入れなどの精神的・感覚的な要素が加わってできあがるものだと言い切っていたことがある。

どうすればおいしくなるか、どうすれば簡単になるかを日々考えて実践した結果がカツ代の料理で、カツ代のやり方というわけです。

しかし、なぜその綿密さが電車に乗るときには発揮されないのかは謎だ。カツ代はホームに入ってきた電車に直ちに乗る。逆方向の電車でさえ。どう科学的に考えても反対に向いた電車が目的地に行くわけないのに。

２０１１年　秋

【本書を使用するにあたって】

◆本書のレシピに表記された計量の単位は、大さじ１は15ml、小さじ１は５ml、カップ１は200mlです。

◆しょうゆ、みそは特にことわりのない場合、濃口しょうゆ、好みのみそを使用しています。みそは種類によって塩分量が異なりますので味をみながら加減してください。

◆小麦粉は特にことわりのない場合、薄力粉を使用しています。

◆オーブン、トースターなどは種類によって加熱時間、加熱温度が異なります。機種によって様子を見ながら調節してください。

1st STEP　このマークは、料理初心者でも作りやすいものから、1st STEP → 2nd STEP と順番に紹介しています。

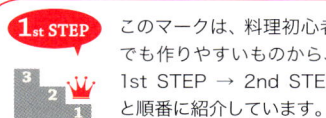

10分でおいしい煮もの

肉

「煮ものは、コトコトじっくりなんてしないのがカツ代流。おいしい煮ものを作るコツのひとつは、短時間で一気に仕上げること。素材はほっくり、味もしっかり仕上がります」

1st STEP

砂糖は入れずに、かぼちゃの甘みで味を作る

かぼちゃと鶏肉の甘辛煮

材　料　（2人分）

かぼちゃ……⅙個（皮・種込み300g）
鶏もも肉……大½枚（150g）
しし唐……8～10本
A［酒……大さじ1½
　みりん……大さじ1½
　しょうゆ……大さじ1½
水……カップ¾

作り方

① かぼちゃは種とわたをとる。皮のボコボコしたかたい部分は切り落とし、皮つきのまま3～4㎝角に切る。しし唐はへたを短く切り落とす。
② 鶏肉は黄色い脂がでてきたら取り除き、一口大に切る。
③ 鍋にAを入れて中火にかける。フツフツしてきたら、鶏肉を入れる。ふたをして2～3分コテッと煮からめる。
④ 鶏肉が煮えたら、かぼちゃの皮を下にして並べ入れ、分量の水を加える。火を強め、ふたをして7～8分煮る。
⑤ かぼちゃに竹串を刺してややかたいかな……という感触になったら、しし唐を加え、ふたをして30秒ほど煮る。
⑥ ふたを開けずに火を止め、余熱でそのまま5～10分おく。全体をやさしく上下を返す程度に混ぜ、器に盛りつける。

煮もののキホン

◎煮ものをするときの鍋は、オーバルなどの楕円形ではなくなるべく丸くて作る分量に対して大きすぎない鍋を選びましょう（2人分なら直径18～21㎝）。深さは10㎝前後は欲しいところ。熱の対流を効率よくすることは、おいしい煮もの作りには欠かせません。

かぼちゃの味が、料理の味をきめる

1

皮の凸凹部分は、かぼちゃを安定させながらこそぎ落とすようにします。

かたいものを切るときは、必ず素材を安定させましょう。最初に包丁の刃先を少しかぼちゃに食い込ませ、体重をかけながら切ればケガの心配もありません。

2

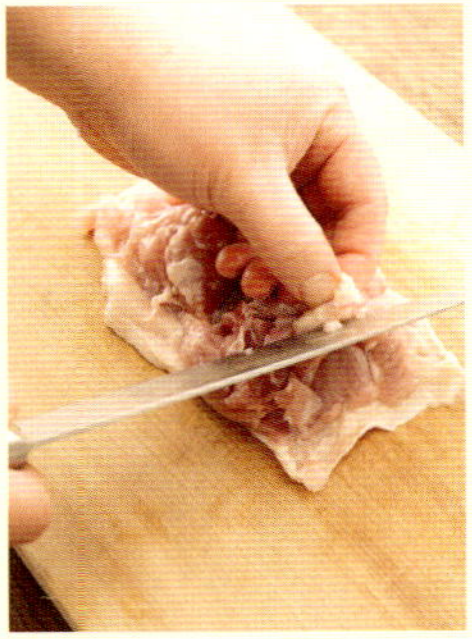

鶏肉はかぼちゃよりひと回り小さめに切ります。黄色い脂は残すと鶏の臭みがでたり、冷めたときに脂浮きするので取り除きます。

3

鍋には最初に液体を入れるか、サッと水でぬらしましょう。鍋底に素材がくっついて、焦げつくのを防ぎます。

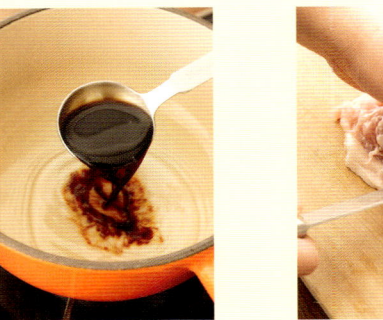

4

鶏肉が色づいたら、かぼちゃを入れるタイミング。柔らかい内側が煮くずれないようにするため、皮の部分を下にして入れましょう。

5

かぼちゃが柔らかくなるちょっと手前。竹串がスッと刺さらず、なんとか通るくらいを目指します。

ここからほったらかしの余熱パワーのスタート

煮汁がこのくらいまで減ったら、しし唐を加えるタイミング。混ぜずに「ほったらかし」スタート。

6

ふたを開けずに余熱でおいて。おく時間は、竹串で刺したかぼちゃが柔らかめなら5分。かためなら10分おけばできあがり。

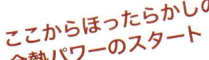

2nd STEP

3 2 1

肉はこってり、じゃが芋はほっくりしたおいしさ

肉じゃが

材　料　（2人分）

じゃが芋	2～3個（300～400g）	A 砂糖	小さじ2
牛薄切り肉	100g	A みりん	小さじ2
玉ねぎ	½個	A しょうゆ	大さじ1½
サラダ油	大さじ½	水	カップ1

作り方

① **じゃが芋は皮をむき、水にさらす**（ポイント❶）。**大きめの一口大に切り、ザブッと水で洗って水けをきる。玉ねぎは繊維に沿って1㎝幅にザクザク切る。牛肉は4～5㎝長さに切る。**

② **鍋にサラダ油を中火で熱し、玉ねぎを炒める。全体に油がまわったら、鍋底の真ん中に牛肉をドーンと置く。**

③ **肉をめがけてAを加え**（ポイント❷）、**強めの中火でコテッと煮からめる。**

④ **じゃが芋と分量の水を加え**（ポイント❸）、**ふたをして約10分煮る。途中で5分くらいしたら、一度上下入れ替えるように混ぜる。火を止めて5分くらい蒸らす。**

おいしいポイント その❶

切らずに丸ごとさらす
煮ものは芋のでんぷん質が抜けすぎるとおいしくない。水でザブッと洗うだけでもOK！

おいしいポイント その❷

まずは肉に味つけ
先に肉に味をしっかりつけて、じゃが芋は後から。肉のおいしさを残すにはこの方法で！

おいしいポイント その❸

ムラなく煮るために
水は入れすぎない。じゃが芋の凸凹をならすように表面は平らに。

煮もののキホン

◎調味料を入れた後はフツフツ沸騰するまで鍋中の材料をいじらずに待ちましょう。肉類などは余分なあくがでず、形もしっかり残ります。

おいしい煮もの作り2つ目のコツは、余熱使い。強めの火で一気に煮た後、ふたをしたまま5〜10分おきます。この間にじんわり熱が入り、素材に味がしみ込むのです。余熱を利用できると料理の腕はグンと上がります

10分でおいしい煮もの

肉

3rd STEP

根菜を5分下ゆでしておけば、やさしくしみ込んだ味わいに

筑前煮

材　料　（2人分）

鶏もも肉…………大½枚（150g）
ごぼう……………½本（100g）
にんじん…………½本（100g）
れんこん…………1節（150g）
こんにゃく………½枚（125g）
干ししいたけ……2～3枚
A［酒……………大さじ1
　 しょうゆ………大さじ1
　 みりん…………小さじ2］
ごま油……………小さじ1
干ししいたけのもどし汁…カップ1

作り方

① 干ししいたけはぬるま湯でもどし、軸を除いて半分に切る。もどし汁はとっておく。ごぼうは皮をよく洗い、一口大の乱切りにし、水に5分さらす。れんこんとにんじんは皮をむいてごぼうと同じ大きさに切り、れんこんは5分水にさらす。

② こんにゃくはまな板の上に置き、スプーンで一口大にちぎる。鶏肉は黄色い脂がでてきたら取り除き、一口大に切る（ポイント❶）。

③ 鍋にごぼうとれんこんを入れ、ひたひたの水を加えて火にかけ、5～10分ゆでる（ポイント❷）。こんにゃくを加えて一煮し、ざるにあけて水けをきる。

④ 鍋にごま油を熱し、しいたけを炒め（ポイント❸）、Aと鶏肉を加え2～3分煮る。③とにんじん、しいたけのもどし汁を加えて強めの中火で約7～8分煮る。

おいしいポイント その3

最初にしいたけ

もどしたしいたけを最初に油で炒めることで、油に香りやこくがでておいしくなります。

おいしいポイント その2

かたい素材は下ゆで

火が通りにくいごぼう、れんこんは軽く下ゆでしてから味つけ。

おいしいポイント その1

大きさは揃える

素材の形や大きさを揃えることで、味のしみ方や、柔らかさが均一に。

煮もののキホン

◎根菜などの野菜は、素材が柔らかくなってから味をつけないと、かたいままでは味がしみ込みにくくなります。素材が多く入る場合は、かたい野菜は下ゆでをすることで、早く煮えるし調味料の入り方もグッとスムーズになります。

肉を使った煮もの作りでは、先に肉に味をつけるようにするのが、カツ代流。肉の見た目が、そのまま食べたら濃いめな感じにしてから野菜と一緒に煮ることで、肉の味を逃がさずに、野菜にも肉のうまみが伝わります

10分でおいしい煮もの

魚

ご飯によく合う魚おかずの代表、魚の煮つけ。生臭くなってしまうとよく聞きますが、魚の煮つけは手早く、簡単にできるスピード料理のひとつ。生臭くしないポイントは火加減。強めの中火で、短時間で一気に煮上げます

1st STEP

調味料が煮立ってから魚を入れれば臭みなし

魚の煮つけ

材　料　（2人分）

鯛……2切れ
しょうが……少々

A
- 水……カップ¾
- 酒……カップ¼
- 砂糖……大さじ½
- みりん……大さじ1
- しょうゆ……大さじ1½

ごぼう……10㎝

作り方

① ごぼうは5㎝長さ、縦2〜4等分に切り、かぶるくらいの水で5〜10分ゆでる。しょうがは薄切りにする。

② 皮目のある魚なら、包丁でスッと切り目を入れる。キッチンペーパーなどで水けを押さえる。

③ 鍋にAを順に加えて火にかけ、フツフツしてきたら、魚、しょうがを入れる。ときどき煮汁を魚にかけ、落としぶたをして強めの中火で7〜10分煮る。

④ 仕上がるちょっと前に①のゆでごぼうを加え、サッと煮て火を止める。

煮もののキホン

◎魚の煮つけをするときに、味や火の通りを均一にするために必要な「落としぶた」。魚の生臭みを逃がすために、鍋よりひと回り小さいふたならどんなものでもOK！　ちょうどよいサイズが見当たらないときは、軽めのお皿で代用しても大丈夫。

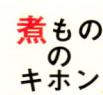

魚の煮つけはあっという間にできる簡単スピード料理

①

最初が肝心！　調理のスタートはここから

料理に使う魚は、調理を始める30分くらい前に冷蔵庫から出すようにしましょう。室温に戻すことで、火の通りが均一になります。

ごぼうは先に下ゆでしましょう。水の量はかぶる程度。生から魚と一緒に煮ると柔らかくなりません。

②

しょうがは繊維を断つ方向に薄切りにします。しょうがの汁けと香りがでやすくなります。

皮の筋と同じ方向に切れば繊維を断つことに。

切り目を入れるのは皮をきれいにはじかせるため。お客様のときなど、ちょっとした気づかいが食卓を華やかにします。

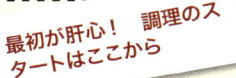

3

魚の切り身は煮汁がフツフツしているところに1切れずつ。一度にドサッと2切れ入れると調味料の温度が急激に下がり、臭みのもとになります。

最初に魚を室温に戻しておけば、煮汁の温度も下がりません。

ココがPoint

ときどき煮汁をかけながら強めの中火で一気に煮ます。

煮る時間は、薄めの切り身は7分前後、骨つきのものや、子持ちのものは10分、厚みのあるものは15分くらいかかります。煮汁がなくなりそうなときは湯または酒を少し足して。

ふたではなく落としぶたにして、臭みなし！

落としぶたをすることで魚も泳がず、煮汁が全体にまわります。

4

そろそろ煮えたかなというところでごぼうを加えます。魚は余熱が強いと身が縮まるので、すぐに食べない場合は、魚だけ器に移し替えて。

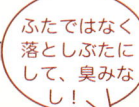

10分でおいしい煮もの

魚

2nd STEP

3 2 1

みそを入れたら煮込まず、味をからめてふっくら仕上げ

さばのみそ煮

材　料　(2人分)

	さば(二枚おろし)	1枚(半身)
A	水	カップ¾
A	酒	カップ¼
A	みりん	大さじ1
A	しょうゆ	大さじ1
B	みりん	大さじ1
B	みそ	大さじ1
B	砂糖	大さじ½
B	水	カップ⅓
	細ねぎ	2本
	溶きがらし	適宜

作り方

① 細ねぎは5㎝長さに切る。さばは1枚を半分に切る。皮目に浅く切り目を入れ、水けをキッチンペーパーなどで押さえる。

② 鍋に下煮用の煮汁Aを入れて、強めの中火にかける。フツフツしてきたら、皮を上にしてさばを並べ入れ(ポイント❶)、落としぶたをして8〜10分煮る。魚に火が通ったら、さばをいったん取り出す。

③ ②の煮汁にBの材料を加えて溶き混ぜる(ポイント❷)。フツフツしてきたらさばを戻し入れ、みそだれとからめて火を止める(ポイント❸)。

④ 器にさばを盛りつけ、鍋に残ったみそだれをかける。細ねぎを添え、好みで溶きがらしをのせる。

おいしいポイント その3

さばを戻し入れる

みそだれがフツフツしているところにさばを戻し入れて、何度かたれをかけるだけ。

おいしいポイント その2

さばを取り出して

煮えたさばをくずれないようにやさしく取り出して、残りの煮汁にみそだれをよーくく溶く。

おいしいポイント その1

1切れずつゆっくりと

魚の臭みを出さないために、煮汁の温度を下げないよう1切れずつ入れることが大切。

煮もののキホン

◎魚の身は柔らかく煮くずれしやすいため、魚を泳がせないように煮ます。また、煮つけにする魚は骨つきがオススメ。煮くずれしにくく、骨にあるゼラチン質が冷めてもとろみのあるおいしさに仕上げます。

「カツ代流『さばのみそ煮』はコトコトじっくりなんて煮ません！　みそは煮込みすぎると苦みが増し、風味もなくなってしまうので最後にからめるだけです。そうすれば、脂ののったさばも、パサパサにならず、ふっくらのまま食べられます」

10分でおいしい煮もの 他

2nd STEP

よーくよーく洗うことが、おいしい煮ものを作る第一歩

切り干し大根の煮もの

材　料　（作りやすい分量）

切り干し大根（乾燥）……½袋（20g）
油揚げ……½枚

A
- だし汁……カップ¾
- 酒……小さじ２
- 薄口しょうゆ……小さじ２

作り方

① 切り干し大根はボウルに入れ、ザブザブとたっぷりの水で数回洗う（ポイント❶）。30分水につけてもどす。
② ①を水ごと鍋に入れて火にかけ、フツフツしてきたらふたをして弱火で5分ゆで（ポイント❷）、ざるにとる。粗熱がとれたら水けを軽く絞り、長いようなら食べやすい長さに切る。
③ 油揚げは湯でザッと洗い、絞って細切りにする。
④ 鍋にAを入れて火にかけ、フツフツしてきたら③の油揚げと②の切り干し大根を加え、ふたをして弱めの中火で10分煮る（ポイント❸）。
⑤ 火を止め、ふたをしたまま10分おいてでき上がり。

おいしいポイント その❶

きれいになるまで洗う
切り干し大根の臭みやえぐみが汚れとなってでてきます。しっかり洗って。

おいしいポイント その❷

グラグラさせずに煮る
大根の甘みや、ふっくらした食感を引き出す下ゆで。強火は厳禁。

おいしいポイント その❸

甘みが少ないときは
食べてみて甘みが少ないと感じたら、みりんを少々加えます。

煮もののキホン

◎意外と汚れの多い乾物。この汚れをしっかりとってから煮るのとそうでないのとでは、かなりでき上がりの味に差ができます。

◎切り干しのような乾物は、もどす時間が短ければ歯ごたえがあるものになり、時間が長ければホニョッと柔らかくなります。

「切り干しなどの乾物は短時間で煮ようとすると、なかなか味がしみてくれません。ゆっくり水でもどして、5分下ゆでするだけでふっくらとした煮ものに仕上がります。熱々よりもちょっと冷めてからがおいしい、名脇役の煮ものです」

10分でおいしい煮もの 他

3rd STEP

煮汁を残してほったらかし。余熱で味を含ませて

ひじきの煮もの

材　料　（作りやすい分量）

ひじき（乾燥）	15g
にんじん	2㎝
油揚げ	½枚
サラダ油	小さじ１
A　だし汁	カップ１
A　砂糖	大さじ½
A　酒	大さじ１
A　しょうゆ	大さじ１

作り方

① **ひじきはたっぷりの水でザブザブと2～3回洗って**（ポイント❶）**、10～20分きれいな水につけてもどす。**

② **たっぷり湯を沸かし、ひじきをさっとゆでる**（ポイント❷）**。水けをきり、すぐに器に移しておく。ざるに入れっぱなしにしないように。粗熱をとり、長いようなら食べやすい長さに切る。**

③ **にんじんは2㎝長さの細切りにする**（ポイント❸）**。油揚げは湯で洗って2つに切り、細切りにする。**

④ **鍋にサラダ油を熱し、②と油揚げを炒め、にんじんもサッと炒める。**

⑤ **全体に油がまわったら、Aを加えて弱めの中火で10分煮る。火を止め、そのまま余熱で味を含ませる。**

おいしいポイント その❶

汚れはしっかり洗って

乾物は、とにかく最初の洗いが肝心。ボウルの水がきれいになるまでしっかりと。

おいしいポイント その❷

沸いたらＯＫ！

湯の中にひじきを入れてわぁ～っと煮立ってきたら、下ゆで完了！

おいしいポイント その❸

輪切りにしてから

食感を柔らかくしたいときは、輪切りにしてから繊維を断つように細切りにする。

煮もののキホン

◎ひじきは下ゆですることで、海藻独特の磯臭さや、あくが消えてふんわりとしたやさしい味になります。

◎炒め煮のときは、余熱で味を煮含ませるときにふたはしなくても構いません。

ひじきは、産地や季節によって、長いもの、短いもの、太さもまちまち。歯ごたえを残したいとき、柔らかくしたいときなどの加減は、水でもどすときに食べてみるのが一番！　自分好みのかたさが早く見つけられます

焦がさず ジューシイに 焼きもの

肉

鶏肉は肉厚だから焼きにくい。なんて思っている人には、ぜひ試してほしい肉料理。ステーキで焼き加減を知ることは、自分の使っているコンロの火の勢いやクセがつかみやすくなるので、肉料理にも自信がつきます

1st STEP

焼くだけ、だから簡単！　料理のコツがわかるメニュー

チキンステーキ

材　料　（2人分）

鶏もも肉…………大１枚（300g）
塩…………………小さじ½弱
こしょう……………適量
サラダ油……………小さじ½弱
レモンのくし形切り………２切れ
＝つけ合わせ＝
クレソン、トマトなど

作り方

① **鶏もも肉は室温に戻しておく。**
② **鶏肉は全体にスッスッと切り目を入れ、厚みを均一にする。中から黄色い脂がでてきたら取り除き、半分に切る。全体に塩、こしょうをふる。**
③ **フライパンを熱し、十分温まったらサラダ油を回し入れ、鶏肉の皮を下にして並べ入れて中火で焼く。**
④ **皮がきつね色に焼けたら裏返し、両面をこんがり焼く。中まで火が通ったら器に盛りつけ、レモン、つけ合わせの野菜を添える。**

焼きもののキホン

◎肉に焼き色をつける場合は、フライパンに素材を入れたらしばらくはいじらないこと。

◎おいしそうな焼き目をつけるには、鉄製のフライパンを１つ持っていると便利。

生焼け防止のポイントがいっぱい

①

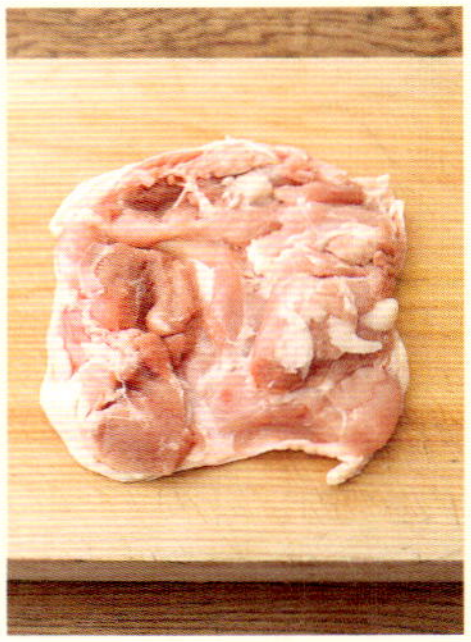

まずは肉を室温に戻します。肉厚の鶏肉を焼くときは、中に早く火を通すためにも必須です。

②

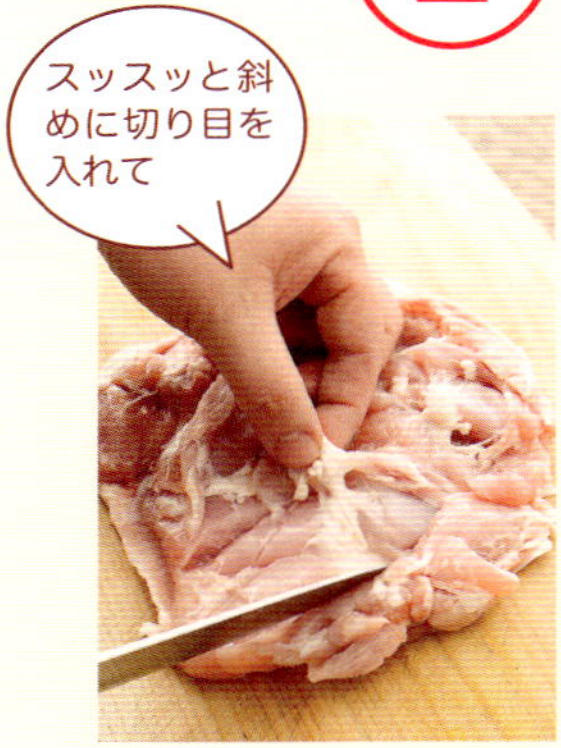
スッスッと斜めに切り目を入れて

包丁を厚みのあるところを中心に斜めに入れ、切り広げていきます。黄色の脂身がでてきたら取り除いて。

①と比べてみて。丸みのあった肉厚の部分を広げることで、肉に火が通りやすくなります。

ソースを使用しないチキンステーキは、塩、こしょうの下味をしっかりめにつけましょう。

パリッと皮を焼くために、必ず皮目から

3

ココがPoint

しっかり温めたフライパンで皮目から焼きはじめます。入れてすぐは、鍋肌に皮がくっついているので、最初はいじらずじっくり。

4

皮の脂がでて、パリッと香ばしい焼き目がついたら裏返す。

裏返したらふたをする。ふたをしなくても焼けますが、早く仕上げたい場合はふたを使うと便利。

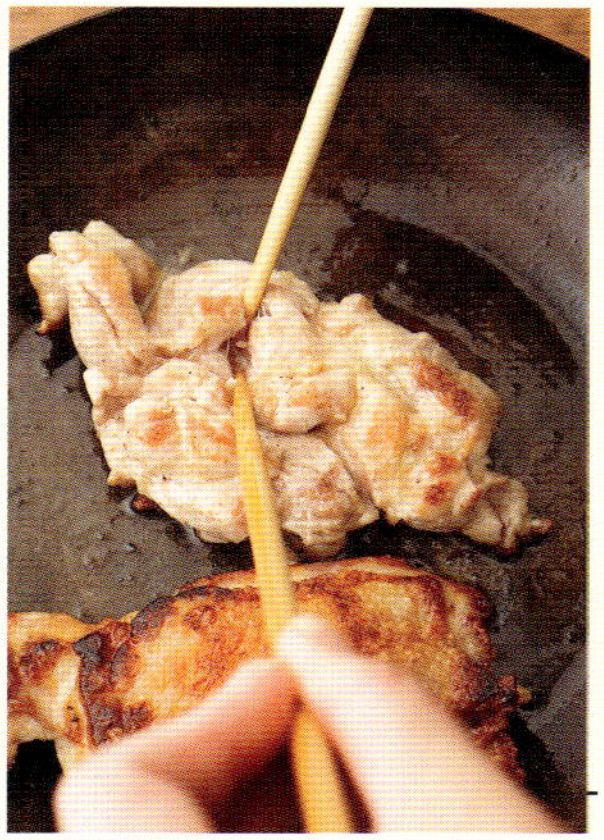

鶏肉は最後にきちんと火が通っているか確認して！　肉厚な部分の内側を菜箸でのぞいて赤くなければ大丈夫。

焦がさずジューシィに焼きもの

肉

2nd STEP

3 2 1

おいしく焦がさず焼くために、たれは最後にからめます

豚のしょうが焼き

材　料　（2人分）

豚肩ロース薄切り肉……200g
A
- しょうが……1かけ
- 酒……大さじ½
- しょうゆ……大さじ1
- 砂糖……小さじ¼

サラダ油……小さじ1
＝つけ合わせ＝
せん切りキャベツ、ゆでいんげんなど

作り方

① しょうがは皮ごとすりおろす(ポイント❶)。
② フライパンを強めの中火で熱し、十分温まったらサラダ油を回し入れ、豚肉を広げるようにして焼く(ポイント❷)。焼けた肉から取り出して、空いているところで次々焼いていく。
③ 肉が全部焼けたら火を止め、フライパンにAを入れる。中火にかけ、全体がフツフツしてきたら、②の肉を戻し入れて手早く強火でたれとザッとからめてでき上がり(ポイント❸)。
④ 器に盛りつけ、つけ合わせの野菜を添える。

おいしいポイント その❸

たれが温まったら
たれがフツフツと温まってから肉を戻し入れることで、たれがからみやすくなる。

おいしいポイント その❷

肉は必ず広げて焼く！
肉は1枚ずつ広げて入れることで、焼き目はついても焼きムラはなし！

おいしいポイント その❶

皮ごとすりおろす
しょうがは皮ごとすりおろすことで、香りも強くなりパンチのきいた味に。

焼きもののキホン

◎しっかり味の肉料理は、ちょっと目を離したすきに焦げてしまうこともしばしば。それならば、先に肉だけ香ばしく焼き上げましょう。後からたれをからめることで、焼きすぎ、焦げつきの失敗がなくなります。

しょうが焼きの作り方は、いくつもありますが、ビギナーズにオススメのカツ代流はこれ。最後の最後にたれとからめることで、焦がす心配がなくなり慌てる必要もありません

焦がさずジューシィに焼きもの

魚

たれにつけ込んで焼くという昔ながらのやり方は、どうしても焦がしがち。でも、焼いた後にたれをからめれば、焦がす心配はありません。たれは、バットでからめてもよいし、魚を焼いたあとのフライパンに入れてからめると、香ばしさが増しておいしくなります

1st STEP

ふわっとさくっとできる照り焼きならぬ焼き照り

ぶりの簡単焼き照り

材　料　（2人分）

ぶり……2切れ
片栗粉……小さじ1
生しいたけ……4枚
しし唐……6本
サラダ油……小さじ2
A［みりん……大さじ1
　 しょうゆ……大さじ1

作り方

① バットにAのたれの材料を合わせておく。生しいたけは石づきを切り落とし、半分に切る。しし唐はへたを短く切る。ぶりは水けを拭いて、片栗粉をまぶす。
② フライパンを強めの中火で熱し、十分温まったらサラダ油を回し入れ、ぶりを並べ入れる。中火でこんがり焼き、裏返して両面を焼く。
③ 途中、フライパンの空いているところで生しいたけとしし唐を焼き、焼けた野菜は先に取り出す。
④ ぶりが焼けたら、Aのたれにつけ、両面に味をからませる。野菜は塩少々（分量外）をふって、魚と一緒に盛りつける。好みで粉山椒をふってもおいしい。

焼きもののキホン

◎片栗粉を使うことで、魚のジューシィさを失わず焼き上げることができます。魚の水けをしっかり拭いて、焼く直前にまぶすのがポイント。

最後にたれとからめるから、焦げません

①

シャキシャキとした食感のしいたけの軸は、好みで切り落としても落とさなくてもOK。一番下の汚れた石づきだけは取り除いて。

どんな魚料理でも共通のポイント！

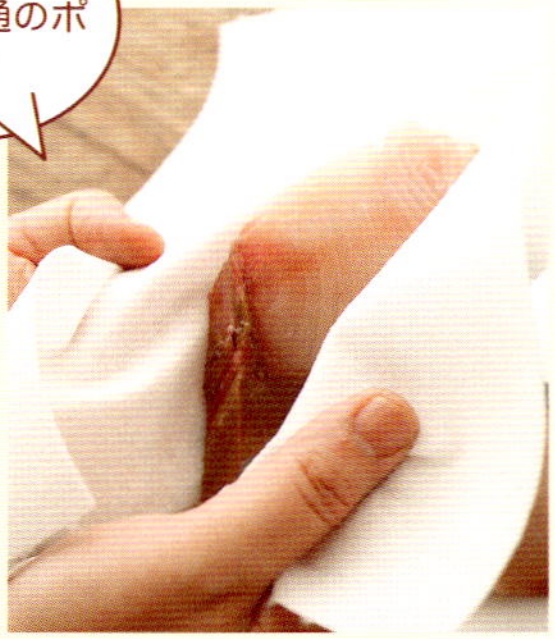

水けはしっかり拭きとって。これだけで、魚の臭みがグンと減ります。

片栗粉をまぶしたら、はたいて薄づきに。焼く直前につけましょう。

②

しっかり温めたフライパンに魚を入れたら、いじらないでしばし見守る。2～3分してフライ返しで裏側を少しのぞいてみて、いい色に焼けていたら裏返す。

③

裏返したら、空いているところに野菜を入れて一緒に焼けば時間短縮。

しいたけは少し小さくなったら、しし唐は焼き目がついたらOK！

④

砂糖は使わずみりんだけ。さっぱりした甘さのたれ

ココがPoint

魚が熱々のうちにたれとからめます。切り身の魚はくずれやすいので、フライ返しなどを使います。

焦がさずジューシイに焼きもの

魚

2nd STEP

こんがりきつね色した焼き魚は、フライパンでも作れます

さんまの塩焼き

材　料　（2人分）

さんま……………………………2尾
塩……………………小さじ½強
大根おろし……………カップ¼
すだち………………………1個

作り方

① さんまは頭を切って内臓を抜き（ポイント❶）、おなかを水洗いして2つに切り、水けをしっかり拭きとる（ポイント❷）。魚全体に塩をふる。
② フライパンを十分に熱し、さんまを並べ入れる。強めの中火で焼き、こんがり焼き目がついたら裏返す（ポイント❸）。皮がはがれても気にしない。
③ 焼けたら器に取り出し、大根おろしとすだちを添える。好みでしょうゆ少々（分量外）を大根に落として食べると全体に甘みと香りが加わりおいしい。

おいしいポイント その❶

簡単！
さんまの内臓抜き
頭をスーッと引っぱると内臓もとれます。抜けきれなければ腹側に切り目を入れて水洗い。

おいしいポイント その❷

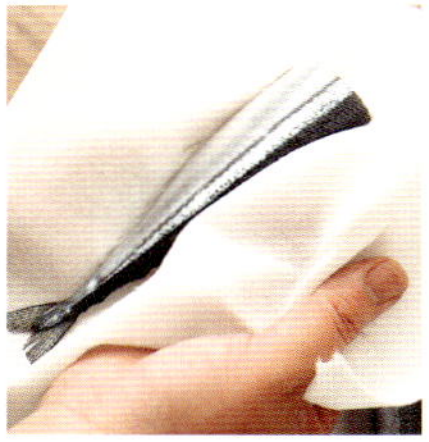

水けはきちんと拭く
生臭くない魚料理にするためには、しっかりと水けを拭きとることが大事。

おいしいポイント その❸

きれいな焼き色は
鉄製フライパンなら最初かなり熱く、樹脂加工タイプならほどほどに温めるのがコツ。

焼きもののキホン

◎焼き魚をフライパンでおいしく作るには、できれば鉄製フライパンを使うのが望ましいでしょう。鉄製なら、どんなに熱しても大丈夫ですが、フッ素樹脂加工のフライパンは空焚きNGです。

秋の旬といえば『さんま』。七輪やグリルがなくても、フライパンで簡単においしく焼けます。脂ののったさんまなら、油も必要なし。脂ののりが悪いときは、ほんの少しサラダ油をひけばパリッと焼けます

番外編 焦がさずジューシィに焼きもの 卵

材料と配合が少し違うだけで、作り方は同じ2種類の卵焼き。上手に作るコツは、卵焼き器をしっかり熱すること。最初からきれいに作ろうと思わず、生焼けのうちにどんどん卵を寄せて焼くのがポイント

ホニョホニョでも気にせず巻いて

だし巻き卵

材　料　（作りやすい分量）

		卵	4個
A		だし汁（濃いめ）	カップ¼～½
A		薄口しょうゆ	小さじ1
A	B	酒	小さじ1
A	B	片栗粉	小さじ1
A		塩	少々
		サラダ油	大さじ1
		大根おろし	適宜

お弁当には甘いタイプが人気

卵焼き

材　料　（作りやすい分量）

	卵	4個
A	砂糖	大さじ1
A	みりん	大さじ1
A	薄口しょうゆ	大さじ½
	サラダ油またはごま油	大さじ1

（※こくが欲しいときはごま油で）

作り方

① ボウルの中を水でぬらして卵を割り入れ、泡立てないように、よく混ぜる。
② Aの材料を①に加えてよく混ぜる。だし巻き卵は、Bを混ぜ合わせてから加える。
③ 卵焼き器を十分に熱し、いったん火からおろして油をひき、卵液を適量流し入れ、強めの中火にかける。
④ 手前から、巻くように、寄せるように、あまり形は気にせず、まとめていく。
⑤ ほんの少し油をひき、卵液を適量流し入れ、焼いた卵を少し持ち上げ、卵の下にも流し入れる。
⑥ 焼けた卵を芯のようにして、巻く→流す→巻くを3～5回くり返す。
⑦ 最後のひと巻きは、弱めの中火に火を弱め、丁寧に巻く。
⑧ まな板の上にキッチンペーパーを敷き、⑦をのせて形を整え、粗熱がとれるまでおく。好みで大根おろしを添え、しょうゆを少々たらす。

焼きもののキホン

◎卵焼き器があると簡単。ない場合は小さめのフライパンを利用すればオムレツ形の卵焼きが作れます。

◎だし巻き卵のゆるい感じに慣れないうちは、だし汁はカップ¼からはじめて、最終的にカップ½のだし量にできるとベスト！

卵焼き

Point

最初からきれいに巻こうと思わない

最初のひと巻きはぐちゃぐちゃでも気にしない！寄せればいいだけ。

Point

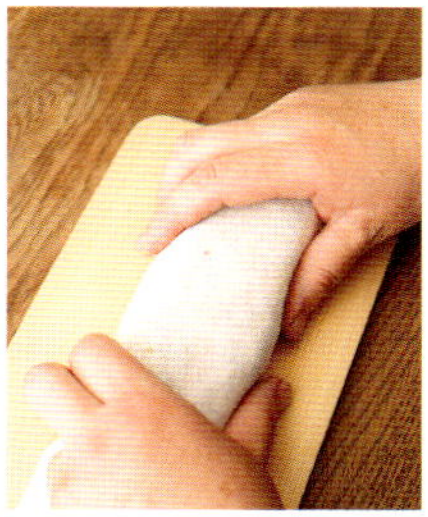

最後に整えればOK！

ホカホカのうちにキッチンペーパーでくるりと巻いて、キュッと軽く形を整える。

だし巻き卵

食感が大事な野菜の和えもの＆サラダ

水にさらしっぱなしの葉野菜

ほうれんそうをゆでる

・たっぷりの湯を沸かし、塩適量を入れる。
←
・グラグラ沸いた湯に、ほうれんそうを「葉先から」すーっと沈ませる。
←
・ほうれんそうを箸で押さえながら、ざぼーんと全体を沈める。次に、根元のほうをつかんで上下を返す。
←
・湯がもう一度煮立ったときが、ゆで上がり。たっぷりの水にとり、大急ぎで水を何度か替える。できるだけ早く、水とほうれんそうの温度を同じにする。
←
・その後、冷水に5～10分さらす。
←
・水けを絞って使う。

シンプルでいて、ほうれんそうのおいしさが一番わかる料理

ほうれんそうのおかかお浸し

材　料　（2人分）

ほうれんそう…………½わ（150g）
削り節…………適量
柑橘類（すだちなど）…………適量
しょうゆ…………適宜

作り方

① 上記を参照してほうれんそうをゆでる。
② 水にさらした後、水けを絞ったほうれんそうを3～4㎝長さに切る。
③ 全体をホワッと混ぜてから盛りつけ、削り節をのせ、柑橘類を添える。好みでしょうゆをかける。

和えもののキホン

◎和えものなどに使う葉野菜は、水にさらす時間やさらさなくてもよいものなど野菜によって違います。水にさらしっぱなしにするのは、あくの強いものだけ。ほうれんそう、あぶらな、せりは、ゆでたら急いで何度か水を替えてさらしてください。あぶらな、せりは、ゆでた後食べてみて苦みがきつくなければ大丈夫。

ほうれんそうを葉から先にゆでることは、カツ代流ではおなじみの技。これは、収穫したてのほうれんそうをゆでて食べさせてもらったとき、ほうれんそう農家の人から伝授してもらったの。ほうれんそうを一番よく知っている人のやり方に、間違いなしです

Point

小さじ1杯の塩がスゴイ！

たった1杯の塩で、葉野菜のあくとり、色止め、味が落ちにくくなる、の3つの効果が！中途半端に入れるなら入れないでOK。

食感が大事な野菜の和えもの＆サラダ

ゆでっぱなしの葉野菜

小松菜をゆでる

・たっぷりの湯を沸かし、塩適量を入れる。

←

・グラグラ沸いた湯に、小松菜を「葉先から」すーっと入れる。

←

・小松菜を箸で押さえながら、ざぼーんと全体を沈める。次に、根元のほうをつかんで上下を返す。

←

・湯がもう一度煮立ったときが、ゆで上がり。ざるにとって、大急ぎで広げてできるだけ早く冷ます。

←

・軽く水けを絞って使う。

小松菜の緑色が変わらないように、食べる直前に和えて

小松菜とコーンのサラダ

材　料　（2人分）

小松菜……………… ½わ（250g）
ホールコーン缶……… ½缶（65g）

A
- 塩……………… 小さじ½弱
- こしょう……………… 少々
- 米酢……………… 小さじ 2
- サラダ油…………… 大さじ 1

作り方

① 上記を参照して小松菜をゆでる。
② ゆでた小松菜は3㎝長さに切る。コーンは汁けをきる。
③ ボウルにAを合わせ、小松菜とコーンを加えて和える。

和えもののキホン

◎ゆでっぱなしOKの葉野菜は水にさらさないほうが、野菜の味がしっかり残り断然おいしくなります。ただし、葉っぱの勢いがよく葉や茎の厚いものは食べてみて、あくが残っているようなら水にさらしてください。ゆでっぱなしの葉野菜は、三つ葉、小松菜、菜の花、春菊、にら、チンゲンサイなど。

ゆでっぱなし葉野菜の下ごしらえで大切なポイントは、なるべく早く熱を冷ますこと。まな板に置くより、ざるの上で広げればより短時間で熱が逃げます。ざるは金属製より竹製のものがベターです。

Point

冬の小松菜はしっかり洗う

冬の小松菜は、茎は太く葉が多い。根元に泥が多く残っているときは、ゆでた後もたっぷりの水でザブザブと洗ってから使う。

食感が大事な野菜の和えもの&サラダ

大根の水けは絞らず自然にきる

しんなりかにマヨサラダ

材　料　（2人分）

大根……7㎝(300g)
かに水煮缶……小½缶(40g)
塩……小さじ¼
マヨネーズ……大さじ1
レモン汁……小さじ1

作り方

① 大根は薄い輪切りにしてから、せん切りにする。
② ボウルにせん切り大根を入れ、塩を加えてサッと混ぜる。5分おいてしんなりさせ、ざるにあけて自然に水けをきる。
③ かに缶の汁けをきり、大根、マヨネーズ、レモン汁とて和える。

透明感と食感きわだつサラダ

シャキシャキサラダ

材　料　（2人分）

大根……5㎝(200g)
大根の葉(あれば)……適量
A
- 薄口しょうゆ……大さじ½
- 米酢……大さじ½
- 砂糖……小さじ¼
- ごま油……小さじ1

桜えび……大さじ1

作り方

① 大根は、繊維に沿って縦に薄切りにし、さらに繊維に沿ってせん切りにする。葉は柔らかそうなところを細かく刻み、塩少々（分量外）ふってから水洗いして水けを絞る。
② ①を冷水に3〜5分つけてパリッとさせ、水けをきる。
③ 桜えびはトースターの天パンに広げて1〜2分香ばしくなるまで焼く。
④ 器に②を盛りつけ、桜えびを砕きながら散らす。Aを混ぜ合わせ、食べる直前にかける。

サラダのキホン

◎大根は繊維に沿って切るのと、断って切るのとでは食感が全然違います。料理や味つけによって使い分けましょう。シャキシャキは歯ごたえを楽しみたいメニューに。しんなりは歯ざわりが柔らかくなり、汁もでやすいので、なますや帆立て缶を使ったサラダなど、味がしみ込みやすいものにオススメです。

Point

小さじ1/4の塩でも
繊維を断って切った大根を、さらにしんなりさせる塩。和えものやサラダの味つけにもなるので、ちょっと少なめくらいがちょうどいい。

切り方で食感が変わる大根

Point

氷水でシャキッ！
繊維に沿って切った大根は、さらに氷水にさらすことでシャキシャキに。ただし、長い時間つけないこと。3〜5分で十分です。

食感が大事な野菜の和えもの＆サラダ

ほっくほくのじゃが芋

粉ふき芋を作る

・じゃが芋は皮をむいて、カットするまで丸のまま水につける。

←

・じゃが芋を一口大に切り、ザブリと水洗いして鍋に入れる。ひたひたの水を加えてふたをし、強めの中火で8～10分ゆでる。

←

・竹串がスッと通ればOK。鍋に水分があれば、水けをきる。

←

・ふたたび鍋を中火にかけ、余分な水分をとばす。焦げないように全体を木べらで混ぜ、じゃが芋の表面がツルッとしなくなったら、火を止める。

じゃが芋が熱いうちに「酢と塩」で下味を

ポテトサラダ

材　料　**(2人分)**

じゃが芋	小２個(200g)	ゆで卵	１個
にんじん	２㎝	マヨネーズ	大さじ１強
きゅうり	½本	酢	大さじ½
ハム	１枚	塩	適量

作り方

① **じゃが芋は一口大に切る。にんじんは2～3㎜厚さの半月切りにする。きゅうりは薄い小口切りにして、塩少々（分量外）をふってしんなりするまでおく。ハムは2つに切って細切りにし、ゆで卵はフォークで粗くほぐす。**

② **鍋にじゃが芋とにんじんを入れ、ひたひたの水を加えて一緒にゆでる。ふたをして、強めの中火で8～10分ゆでる。**

③ **竹串を刺して、スッと通ったらOK。水分があれば捨てて強めの中火にかけて水分をとばす。熱いうちに、酢と塩小さじ¼をからめて冷ます。**

④ **ボウルにマヨネーズ、きゅうり、ハム、ゆで卵、③の順に入れて和える。塩少々を加えて味を調える。**

サラダのキホン

◎じゃが芋を使ったサラダをほくほくと食べたいときには男爵、しゃっきりとした感じがいいときにはメークインがよく合います。一般的なポテトサラダには男爵を使います。オイルやビネガーベースのジャーマンサラダ系にはメークインがオススメです。

粉ふき芋は、簡単においしく作れます。じゃが芋のでんぷん質が、外側の粉ふきの部分を作るので、サッと水にくぐらせる程度にして、水につけすぎないようにしましょう

Point

熱いうちに急いで酢と塩を

じゃが芋が粉ふきの状態に仕上がったらすぐに、酢と塩を加えて混ぜる。この下味をつけることで締まったおいしさのポテトサラダに。

和えものバリエーション

食感を大切にした調理法は、野菜の味もより濃く味わえます

水にさらしっぱなし
バリエ

カリカリじゃこの塩分で十分おいしく食べられます

じゃこのりほうれんそう

材　料　（2人分）

ほうれんそう……………½わ(150g)
焼きのり……………………½枚
じゃこ………………………大さじ2
しょうゆ……………………適宜

作り方

① ほうれんそうをゆでる（38ページ参照）。
② ①の水けを絞り、3～4㎝長さに切る。全体をホワッと混ぜてから、器に盛りつける。
③ のりは小さくちぎる。じゃこはオーブントースターで1～2分焼く。
④ ②の上に③をトッピングする。食べるときに、好みでしょうゆを少しかける。

ゆでっぱなし
バリエ

チンゲンサイは茎のシャキシャキした食感がいい

チンゲンサイと油揚げのからし和え

材　料　（2人分）

チンゲンサイ……1～2株(150g)
油揚げ……………………½枚
A ┌溶きがらし…………小さじ¼
　 │砂糖…………………1つまみ
　 └しょうゆ……………小さじ1

作り方

① チンゲンサイをゆでる（40ページ参照）。
② ①を葉と茎に切り分ける。葉は長さを半分に切り、茎は縦半分に切って縦細切りにする。
③ 油揚げはオーブントースターで1～2分軽くパリッと焼いて、縦2つに切り、細切りにする。
④ Aを合わせ、②と③を加えよく和える。油揚げは食べる直前に焼くと食感がパリパリしていておいしい。

にんにくはほんの少し。でも、パンチは十分

かぶの葉サラダ

水にさらしっぱなし
バリエ

材　料　（2人分）

かぶの葉…………2個分（200g）
ベーコン…………1枚
クルトン…………少々
A［おろしにんにく…………少々
　 マヨネーズ…………大さじ2
　 牛乳…………大さじ1
　 塩、こしょう…………各少々
　 米酢…………大さじ½
　 オリーブ油…………大さじ1

作り方

① かぶの葉をゆでる（38ページ参照）。
② かぶの葉が大きく新鮮なときは、ゆで上がったら食べてみて、苦みやあくが気になれば水に10分さらす。おいしければそのまま使う。
③ ②の水けを絞り、3～4㎝長さに切る。
④ ベーコンは1㎝幅に切る。フライパンにサラダ油少々（分量外）を熱し、カリッと炒める。
⑤ Aの材料を混ぜ合わせる。
⑥ 器に③を盛りつけ、クルトンと④を散らして⑤をかける。

すり鉢がない人でも作れるコクたっぷりのごま和え

春菊のごま和え

ゆでっぱなし
バリエ

材　料　（2人分）

春菊…………½わ（100g）
A［練り白ごま…………小さじ2
　 すり白ごま…………小さじ2
　 砂糖…………小さじ1
　 薄口しょうゆ…………小さじ1

作り方

① 春菊をゆでる（40ページ参照）。
② ①が冷めたら、3㎝長さに切る。
③ ボウルにAを混ぜ合わせ、春菊を2～3回に分けて加え、和える。

サラダバリエーション

次々作ってみたくなる簡単メニュー

しんなり大根
バリエ

塩けはゆかりの味をみて、足りなければ塩をほんの少し

しんなりゆかり和え

材　料　（2人分）

大根	7㎝(300g)
ゆかり	小さじ1
酢	小さじ1
サラダ油	小さじ½

作り方

① 大根は42ページのしんなり大根を参照。葉を少々入れてもOK！
② ボウルに大根を入れ、ゆかりを加えて全体を和え、5〜10分おく。
③ ②に酢とサラダ油を加えて混ぜる。

ほっくほくの
じゃが芋バリエ

さつま芋はじゃが芋より少し大きめに切ることで、煮くずれの心配なし

芋いもサラダ

材　料　（2人分）

じゃが芋	小1個(100g)	レーズン	小さじ2
さつま芋	小½本(100g)	加糖練乳	小さじ1
ハム	1枚	マヨネーズ	大さじ1強

作り方

① じゃが芋は一口大に切り、水でザブリと洗う。さつま芋はじゃが芋より少し大きめに切り、塩水に5分さらす。
② 鍋にさつま芋とじゃが芋を一緒に入れて水をひたひたに注ぎ、ふたをして強めの中火で6〜8分ゆでる。
③ 竹串を刺してみてスッと通ったらOK。余分な水けはきり、強めの中火にかけてさらに水分をとばす。
④ ③が熱いうちに、練乳と塩少々（分量外）を加えて和える。
⑤ ④が冷めたら、マヨネーズ、粗めに刻んだハム、レーズンと和える。

オリーブ油、にんにく、赤唐辛子のドレッシングは和素材にもぴったり

シャキシャキイタリアンサラダ

シャキシャキ大根
バリエ

材　料　（2人分）

大根……5㎝(200g)
大根の葉……適量
A
- 赤唐辛子の小口切り……少々
- おろしにんにく……少々
- 粗びき黒こしょう……少々

A
- 塩……小さじ½
- 砂糖……小さじ½
- 米酢……大さじ2
- オリーブ油……大さじ2

作り方

① 大根は42ページのシャキシャキ大根を参照。大根の葉は中心部の柔らかそうなところを細かく刻み、塩少々（分量外）をふってから水洗いして水けを絞る。
② ①の大根をたっぷりの冷水に3〜5分つけてパリッとさせ、水けをきる。
③ ②を器に盛りつけ、Aを混ぜ合わせてかける。

じゃが芋はしゃっきりとした食感のメークインがオススメ

マスタードサラダ

ほっくほくの
じゃが芋バリエ

材　料　（2人分）

じゃが芋……小2個(200g)
玉ねぎ(薄切り)……¼個
A
- マスタード(粒)……小さじ½〜1
- 塩……小さじ¼

A
- こしょう……少々
- 米酢……小さじ2
- オリーブ油……小さじ2

パセリのみじん切り……大さじ2

作り方

① じゃが芋は一口大に切り、水でザブリと洗う。
② 鍋にじゃが芋を入れ、ひたひたに水を加えてふたをし、強めの中火で8〜10分ゆでる。
③ 竹串を刺してみてスッと通ったらOK。余分な水けはきり、強めの中火にかけてさらに余分な水分をとばす。
④ ボウルにAの材料を合わせ、パセリを加えて混ぜる。
⑤ ④に玉ねぎを入れ、じゃが芋が熱いうちに加えて和える。

フライパンで シャキッと 炒めもの

べシャベシャ野菜炒めにしない3つのコツ。1つ目は、野菜を最初に洗ってざるなどに広げて乾かしておくこと。洗った野菜の水けをしっかりきるだけで、調理のときに余分な水分がでません

1st STEP

誰でもおいしくできる！　自信のつく炒めもの

豚肉とピーマンの炒めもの

材　料　（2人分）

豚ロース薄切り肉（2～3㎜厚さ）……100g
A［塩、こしょう……各少々
　 酒……少々
片栗粉……小さじ2
ピーマン……4～5個（150g）
にんにくみじん切り……少々
B［オイスターソース……大さじ½
　 しょうゆ……小さじ1
ごま油……大さじ1強

作り方

1. ピーマンは縦2つに切り、種とへたを取り除き、縦に細切りにする。豚肉は細切りにしてAで下味をつけ、片栗粉をまぶす。
2. フライパンか中華鍋を中火で熱し、ごま油大さじ1を入れ、豚肉を広げながら入れる。焼きつけるように炒め、火が通ったらいったん取り出す。
3. ②のフライパンにごま油少々を足して、ピーマン、にんにくを強火で手早く炒める。全体に油がまわったら②の肉を戻し入れ、肉をめがけてBの調味料を加えて炒め合わせる。

炒めもののキホン

◎慣れないうちは、ピーマンやにらなど水分の少ない素材を選ぶようにしましょう。肉や魚を使うときは、先に肉などを炒めて取り出し、野菜を炒めた後に合わせるようにすると野菜を炒めすぎることも、肉が生焼けということもありません。

ピーマンが入ったら一気に仕上げます

①

肉を細切りにするときは、肉の繊維の方向に切ると、仕上がりがきれい。ロース肉などで、脂が多い部分は、途中で写真のように繊維が縦になることも。

片栗粉は味、うまみを逃がしません！

調味料で味つけした後は、少量の片栗粉をなじませます。味や肉のうまみを片栗粉が閉じ込めます。また、肉の柔らかさも増します。

②

肉を焼くときは必ず広げて入れましょう！　一度に入れてしまうと、肉同士がくっついてしまいます。

肉を入れたらすぐにはいじらず、焼き目がつくまでそのままに。

肉の表面が焼けないうちに返そうとすると、フライパンにくっつきます。

別々に炒めて合わせれば
シャキシャキに！

3

ココが
Point

ピーマンは生でも食べられる野菜。炒めすぎないよう、気をつけて。ピーマン全体に油のツヤツヤがでてきたらOK！　先に炒めた肉を真ん中に入れて。

肉にめがけて調味料をかけたら、まんべんなく味がいきわたるように短時間で一気に炒め合わせます。

フライパンで シャキッと炒めもの

2nd STEP

水分の多いもやし炒めもこれでOK！

もやし炒め

材　料　（2人分）

もやし	1袋	A 塩	小さじ½
豚ひき肉	100g	A こしょう	少々
細ねぎ	5本	A しょうゆ	小さじ½
おろしにんにく	少々	ごま油	小さじ2

作り方

① もやしは気になればひげ根をとる(ポイント❶)。水洗いして、水けをきる(ポイント❷)。細ねぎは2〜3cm長さに切る。

② フライパンにごま油を熱し、強めの中火でにんにくと豚肉をほぐしながら炒める。

③ Aを加えて調味し、肉に完全に火が通ったら、火を強めてもやしを2回に分けて加え手早く炒める。

④ 味をみて、足りなければ塩かしょうゆ（分量外）で調える。細ねぎを加えて炒め合わせ、すぐに器に盛りつける(ポイント❸)。

おいしいポイント その③

入れっぱなしはNG

仕上がったらすぐに器に移すこと。フライパンの余熱でもやしがクタクタに。

おいしいポイント その②

水けは少しでもとって

まずもやしを洗って、ざるに上げておく。水けが自然にきれる。

おいしいポイント その①

ひげ(根)をとる

上にちょろりとついているのが、根っこ。とったほうがおいしい。

炒めもののキホン

◎フライパンや鍋は鉄製のものだと、余分な水分がとびやすいため、おいしい炒めもの作りにはピッタリ。揚げ鍋なども鉄製が多いのでオススメ。

ベシャベシャ野菜炒めにしない３つのコツ。２つ目は、フライパンや鍋を温めてから油や素材を入れること。最初に素材を入れると、すごい音がするが慌てないで。もちろん洗った野菜の水けは残さないことが大前提

フライパンで シャキッと炒めもの

3rd STEP

キャベツの切り方が最大のポイント

キャベツと豚肉のみそ炒め

材　料　（2人分）

キャベツ…………… ¼個（300g）
豚ばら薄切り肉…………… 100g

A
- 酒…………………小さじ２
- みそ、しょうゆ、砂糖…各小さじ２
- 粉山椒（あれば）……… 小さじ½

サラダ油………………小さじ２

作り方

① **キャベツは4～5㎝角に大きくざく切りにする**(ポイント❶)**。豚肉は4㎝長さに切る。Aは合わせておく**(ポイント❷)**。**

② **フライパンにサラダ油を熱し、豚肉を中火で炒める。豚肉から十分脂がでてきたら、いったん豚肉を取り出す。**

③ **②のフライパンにキャベツを入れて強火で炒める。全体に油がまわり、熱くなったら、豚肉を戻し入れ、肉をめがけて調味料を加え**(ポイント❸)**、強火で炒め合わせる。すぐに器に盛りつけ、鍋に入れっぱなしにしない。**

おいしいポイント その❸

まず肉に味をつける

炒めた肉を戻したら、必ず肉に調味料をかけて。味のからまりがよくなります。

おいしいポイント その❷

慌てないために

溶かしにくいみそなどを使うときは、最初に他の調味料と混ぜ合わせておくと便利。

おいしいポイント その❶

大きく切るのがコツ

食感を大切にするためにも、キャベツは必ず大きめの四角に切ること。おいしさが違う。

炒めもののキホン

◎フッ素樹脂加工のフライパンで作るときは、軽く温め（熱々はNG）てから、油や材料を入れます。炒めるときは、木べらを２本使うなどして素材をふわっふわっと持ち上げて、水分をとばすように。

「ベシャベシャ野菜炒めにしない3つのコツ。3つ目は、素材を入れたらすぐに菜箸などでいじってはダメ。素材から余分な水分がでてしまいます。最初はいじらず、外側の水分が蒸発するのを待ってから炒めます」

鍋で シャキッと 炒めもの

2nd STEP

時間をかけて、からいりすれば下ゆでいらず

こんにゃくのおかか炒め

材　料　(作りやすい分量)

こんにゃく…………1枚(250g)
赤唐辛子(種を除く)…………1本
ごま油…………小さじ2
A［酒…………小さじ1
　 しょうゆ…………大さじ1
削り節…………1パック(4g)

作り方

① こんにゃくはまな板の上に置いて、スプーンで一口大にちぎる(ポイント❶)。
② 鍋に①と赤唐辛子を入れて、中火にかける(ポイント❷)。最初はパチパチと音がする。ぶりぶりと鈍い音に変わるまで、気長にからいりする(ポイント❸)。
③ こんにゃくが熱くなり、表面の水分がとんだら、いったん火を止めてごま油を加え、強めの中火で炒める。
④ 油がまわったらAを加えて炒め、仕上げに削り節を加えてひと混ぜする。

おいしいポイント その❶

ちぎっておいしく
スプーンや手でちぎると、こんにゃくに味がからみやすくなる。

おいしいポイント その❷

最初は油は使わない
最初は鍋をよく熱し、油は使わずに時間をかけてしっかり炒める。

おいしいポイント その❸

ふくらんできたらOK
こんにゃくが少しふくらんでくれば、水分がとんだ合図。臭み消しの下ゆでも必要なし。

炒めもののキホン

◎下ゆでをするととれる、こんにゃく独特の臭み。油を使わず、しっかり時間をかけてからいりすることでも、臭みは消えます。炒めものでこんにゃくを使うときに手間いらずで簡単にできるおいしい近道。

こんにゃくは地域によって好まれる色が違うのを知っていますか。どれも味の違いはありません。こんにゃくを煮ものなどで使用するときは、最初に下ゆでをするようにしましょう

鍋で
シャキッと炒めもの

3rd STEP

副菜の人気おかずも、失敗なしに作れる方法

ごぼうのきんぴら

材　料　（作りやすい分量）

ごぼう……………15㎝（100g）
赤唐辛子（小口切り）…………1本
A［砂糖………………大さじ½
　 しょうゆ……………大さじ1
ごま油…………………大さじ1

作り方

① ごぼうは皮をよく洗い、皮のかたそうなところは包丁でこそぐ（ポイント❶）。5㎝長さに切り、縦に薄切りにする。繊維に沿ってさらに細切りにし、切ったはしから水に放つ。全部切って水に放ったら水けをきる。

② 鍋にごま油を熱し、ごぼうと赤唐辛子を入れ強火で炒める。ジャーッという激しい音から、パチパチと音が少し静かになったら、手早く油をからめるように炒める。

③ 全体に油がまわったら、Aを加える（ポイント❷）。再び強火にし、水分をとばすように一気に炒める。味がコテッとからまったら、すぐに容器に移す（ポイント❸）。

おいしいポイント その❸

急いで容器に移す
できたらすぐに他の容器に移すこと。鍋中で放っておけば余熱で煮もの状態に。

おいしいポイント その❷

大きな音にも慌てずに
鍋にごぼうや調味料を入れた瞬間は、すごい音がするけれど、慌てない。ちょっと待てば、すぐに落ち着いてくる。

おいしいポイント その❶

皮の薄い野菜の皮むき
ごぼうの根っこのほうは繊維もかたいことが多いので、包丁の背（峰）を使ってむくと簡単。

炒めもののキホン

◎きんぴら作りに慣れるまでは、調味料を入れるとき、いったん火を止めると慌てずに作れます。本来は火を止めずに作るほうがおいしくできるので、慣れてきたら一気に仕上げて。

◎最近の野菜はあくが少ないものが多いので、水につける時間は短めに。風味がなくなっては、野菜のおいしさが半減します。

きんぴらはごぼう、れんこんなど根菜類のときは、短時間で仕上げることでシャキッとおいしい食感を残すことができます。ピーマンやなすなどを使うときは、くったり仕上げのレシピでじっくり炒めて

炒めものバリエーション

調味料を入れるとき、いったん火を止めると焦がさず作れます。
慣れてきたら、トントントンと一気に仕上げましょう

ピーラーで作ればあっという間に
できる簡単メニュー

にんじん洋風きんぴら

材　料　（作りやすい分量）

にんじん	小１本(100g)
オリーブ油	小さじ２
塩	小さじ¼
砂糖	小さじ¼
いり白ごま	大さじ½

作り方

① にんじんはピーラーで、食べやすい長さに薄切りにする。
② 鍋にオリーブ油を熱し、にんじんを入れて強火で炒める。
③ にんじんに油がまわったら、塩と砂糖を加えて手早く水分をとばすように炒める。火を止めたら、すぐに器に盛りつけごまをふる。

しんなり仕上げたいときは、
ピーマンを横に切り、繊維を断って

ピーマンのくたくた炒め

材　料　（作りやすい分量）

ピーマン	５個(150g)
ごま油	大さじ１
A みりん	大さじ½
A 薄口しょうゆ	大さじ½
いり白ごま	大さじ½

作り方

① ピーマンは縦2つに切り、へたと種をとる。横に5㎜幅の細切りにする。
② 鍋にごま油を熱し、ピーマンを中火でせっせと炒める。
③ ピーマンがしんなりしてきたらAを加え、中火で気長に炒める。
④ 汁けがなくなったら火を止め、ごまを加えて混ぜ、すぐに器に盛りつける。

ゴーヤはざるに広げてしっかり乾かせば、
よりおいしくなる

ゴーヤと豚肉のさっぱり塩炒め

材　料　（作りやすい分量）

ゴーヤ	½本（150g）
豚ばら薄切り肉	50g
ごま油	小さじ1
塩	小さじ¼
酒	大さじ½
こしょう	適量

作り方

① ゴーヤは縦半分に切り、スプーンで種とわたをとる。薄切りにしてたっぷりの水に10分つけ、水けをきる。豚肉は2㎝幅に切る。

② 鍋にごま油を熱し、豚肉と半量の塩を加えて中火で炒める。

③ 豚肉から十分脂がでてきたら、ゴーヤを2回くらいに分けて加え、強火で炒める。

④ ゴーヤに油がまわったら残りの塩、酒、こしょうを加えて水分をとばすように炒める。火を止めたら、すぐに器に盛りつける。

なすが新鮮なときは水につけず、
すぐに炒めてもOK！

なすみそ炒め

材　料　（作りやすい分量）

	なす	2～3本（150g）
	ごま油	大さじ1
A	みりん	小さじ1
A	砂糖	小さじ1
A	みそ	小さじ1
A	しょうゆ	小さじ½
	青じそ（細切り）	2～3枚

作り方

① なすはへたを切り落とす。縦2つに切り、5㎜幅の斜め薄切りにする。たっぷりの水に5分つけ、水けをよくきる。

② 鍋にごま油を熱し、なすを2回くらいに分けて入れ、強めの中火で気長に炒める。

③ なすがくったりしたら、Aを加え強火で炒める。

④ 仕上げに青じそを加えて混ぜ合わせ、すぐに器に盛りつける。

カラッとサクサク揚げもの

肉

食べたら中が生という原因の一つにあげられるのは、肉などを使用するときに室温に戻しているかいないか。厚みのある鶏肉などはとくに、表面は常温なのに中が冷えていれば、油に入れても外側ばかりが色づいてしまいます

1st STEP

1

生焼けなし！　サクッ、ふわっ、ジューシィ

鶏のから揚げ

材　料　（2人分）

鶏もも肉…………大１枚(300g)

A
- しょうゆ…………小さじ２
- 塩…………少々
- 酒…………小さじ½
- しょうが汁…………少々

片栗粉…………大さじ４

こしょう…………適宜

＝つけ合わせ＝

パセリ、ミニトマトなど

作り方

① 鶏肉は黄色い脂がでてきたら取り除き、3～4㎝角の一口大に切る。

② ボウルに①を入れ、Aを順に加える。手でもみ込んで味をなじませる。片栗粉を加えて全体にまぶしつけるように混ぜる。

③ 揚げ油を中温（170度）に熱し、皮目を下にして次々入れていく。油は中温を保って。

④ こんがりきつね色になってきたら裏返し、ときどき箸で全体を混ぜる。皮を上にして、揚げバットに並べる。器に盛りつけ、つけ合わせの野菜を添え、好みでこしょうをふる。

揚げもののキホン

◎揚げものの油の温度設定はとても大切。低温は160度、中温は170度、高温は180度が一般的。先のぬれていない菜箸を熱した油に入れ、箸先からすぐ泡が立てば高温。一呼吸おいて泡が立てば中温。ゆっくり泡が立ってくれば低温とみる方法や、パン粉や衣を落とす方法などがあります。

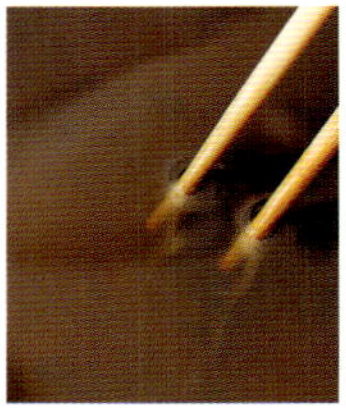

サクッとジューシィなから揚げ

①

鶏もも肉は身の厚いところに2〜3ヵ所スッスッと切り目を入れて、黄色い脂がでてきたら取り除く。

②

しょうがは汁だけを入れましょう。すりおろしはかたまりになって鶏肉につき、焦げやすくなります。下味はしっかりめに。

小林家では片栗粉のみで作ります！

冷めてもさっくりジューシィに仕上げるなら片栗粉がオススメ。

3

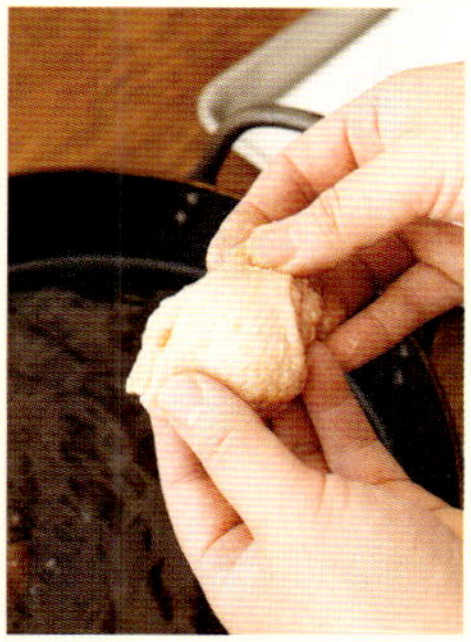

鶏肉の皮をピッと広げる！　広げることで皮はカリッとして一層おいしくなります。

よりサックリのから揚げにするために

ココがPoint

皮目を下にして入れることで、より香ばしく仕上がります。鶏肉は慌てないで一つ一つ油に入れて。怖がっていくつも一度に入れると油はねをしたり、温度が急激に下がりうまく揚がりません。

4

写真のように、鶏肉を空気にふれさせるように混ぜると水分が蒸発しやすくなり、外はサクサク、中はジューシィに。

油ぎれをよくするには、皮目を縦にして取り出すと皮と身の余分な油が落とせます。

カラッとサクサク揚げもの

魚介

丸まらない、スッときれいな形を目指して

えびフライ

材　料　（2人分）

えび……………………大６～８尾
小麦粉…………………………適量
溶き卵………………………½個分
パン粉…………………………適量
揚げ油…………………………適量
レモンのくし形切り…………２切れ
タルタルソース、ソース……各適宜
＝つけ合わせ＝
レタス、トマトなど

作り方

① **えびは尾を残して殻をむく。背わたがあるようなら取り除く。腹側に4～5ヵ所切り込みを入れ、背伸ばしする**（ポイント❶）**。**
② **えびの水けをふき、小麦粉をたっぷりまぶし**（ポイント❷）**、溶き卵にくぐらせて、パン粉をしっかりまぶす。**
③ **揚げ油を中温（170度）に熱し、②のえびを次々入れていく。衣がしっかりするまで、いじらない**（ポイント❸）**。衣がしっかりしてきたら裏返し、全体をこんがりきつね色に揚げる。**
④ **③を盛りつけ、つけ合わせの野菜、レモンを添える。タルタルソース（左ページ参照）や好みのソースで食べる。**

おいしいポイント その1

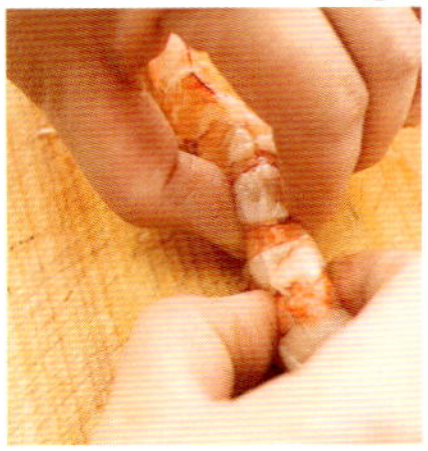

えびの背伸ばし方法
腹側に切り込みを入れたら、プチッと音がするまでところどころ身を軽く押す。

おいしいポイント その2

粉はたっぷりでOK
粉をたっぷりまぶしながら、再度えびを押して背伸ばしする。

おいしいポイント その3

衣が固まったら返す
えびを入れたらしばらく見守る。衣が固まってきたら裏返す。

揚げもののキホン

◎中華鍋や揚げもの専用の鍋など、ある程度の深さのあるものが揚げものには適しています。

◎近ごろはオーバルという楕円形の鍋もありますが、丸い鍋のほうが食材に熱が均一に伝わります。

揚げものは適切な温度を維持することが大事。一度にたくさん入れてしまうと温度が急に下がり、その下がった温度を再び上げるには時間がかかるため、油ぎれが悪くなったり、揚げムラができてしまいます。1つずつ次々入れていくようにしてください

タルタルソース

玉ねぎのみじん切り	大さじ1
ピクルスのみじん切り	小1本分
マヨネーズ	大さじ2強

＊すべての材料を混ぜる

カラッと
サクサク
揚げもの

野菜

3rd STEP

精進衣は卵を使わないからカラッと上手に揚がる

さつま芋の精進揚げ

材　料　（2～4人分）

さつま芋……………1本(200g)

A［小麦粉……………カップ½
　 氷水……………カップ½弱

揚げ油……………適量

塩、しょうゆ、てんつゆなど好みのもの……………適宜

作り方

① **さつま芋は1.5㎝厚さの輪切りにする。少し斜めでもOK。**

② **ボウルにAを混ぜ合わせる(ポイント❶)。**

③ **揚げ油を低めの中温（160度）に熱し、②をからめたさつま芋を次々入れていく(ポイント❷)。**

④ **低めの中温を保ちつつ、ゆっくりさつま芋に熱を入れ、空気にふれさせながらカラッと揚げる(ポイント❸)。引き上げるときは中温（170度）にしてよく油をきってから引き上げ、好みの味つけで食べる。**

おいしいポイント その③

低めの温度でゆっくり

さつま芋はじっくり火を通すと、ほくほくとした甘みを残して仕上がります。

おいしいポイント その②

ボチャン入れは厳禁!!

油のハネがこわい人は、水けをしっかりふいて、ゆっくり静かに入れれば大丈夫!!

おいしいポイント その①

菜箸でササッと混ぜる

衣の材料はネバネバに混ぜすぎないこと。ダマがあっても大丈夫。

揚げもののキホン

◎衣のついた揚げものには共通の大事なことがあります。入れたら最初はいじらない！　ということです。衣がちゃんとくっつくまでさわるのはNG。ある程度色づき、箸でさわるとコン！　とした感覚があれば裏返したり、全体を混ぜてもOKです。

温度が大切なことはお話ししました。食材を油にドサッと一度に入れてしまうのはNGですが、一つ一つ入れながらも、最後はみっちりにして揚げるのがカツ代流。ときどき空気にふれさせるように油をかき混ぜたり、箸で素材を持ち上げることで素材の水分がぬけ、カラッと揚がります

食卓のおいしさがきまる「だし」

「だしをとるって、とても難しくて、手間がかかると思っていませんか？　じつはすごく簡単であっという間にできてしまうものが多いんですよ！　深みのある本物のおいしさは、既製品では出せません。ぜひ試してみて」

だしの中では一番簡単！　食べても、飲んでもおいしい

あさり

材　料　（2人分）

あさり（砂出し済み）・・・・・・・・・・ 150g
水・・・・・・・・・・・・・・・・・・・・・・・ カップ2

作り方

1. **あさりは殻を丁寧にこすり洗いして、殻についている汚れをとる（ポイント❶）。**
2. **海水よりやや薄い塩水を作り、ひたひたになるように貝を30分以上つける（ポイント❷）。使う前に、真水でもう一度水洗いする。**
3. **鍋に水けをきったあさりと、分量の水を入れて中火にかける。パカパカとあさりの口があいてきたら、火を止めて調味する。みそ汁でも、吸いものでも、隠し味にこしょうをほんの少し入れるのがおすすめ。**

おいしいポイント その❶

やさしく丁寧に洗う
両手で洗濯するように、大きくやさしくこすり合わせ洗って。

おいしいポイント その❷

塩も水も多いのはダメ
水カップ1½に対して塩は9gが海水と同じ。それよりちょっと少なめで砂出しして。

おいしいポイント その❸

あくとりは煮えてから
白いあくがでますが、途中こまめにとるのではなく、煮立ってからとりましょう。

だしのキホン

◎海水よりやや薄めの塩水で、貝の殻が水からでているくらいのひたひたの量で砂出しして。つける時間は30分以上。

面倒がなく、1分でできちゃうおいしさ

削り節

材　料　（4人分）

削り節・・・・・・・・・・・・・・1つかみ（10g）
水・・・・・・・・・・・・・・・・・・・・カップ4～5

作り方

① **鍋に分量の水を入れて火にかけ、フツフツしてきたら（ポイント❶）火を弱めて削り節を入れる。**

② **ごく弱火で1分ほどゆらゆらさせたら火を止め、網じゃくしなどでこして、お玉やスプーンの底などでキュッと絞る（ポイント❷）。**

おいしいポイント その1

沸騰させすぎはNG！

湯はグラグラではなくて、あくまでフツフツくらいで。

おいしいポイント その2

網じゃくしのままでもOK！

削り節は、網じゃくしごと鍋に入れるとひと手間省けます。

おいしいポイント その3

温め直しも高温厳禁！

作るときも、温め直しのときも、強火でグラグラは厳禁です。香りがとんで台無しに。

だしのキホン

◎スーパーなどでいろいろな種類がある削り節。迷ったときには花がつおを選べば、十分おいしいだしがとれます。

食卓のおいしさがきまる「だし」

煮干しだしのみそ汁はやっぱりおいしい

煮干し

材　料　（4人分）

煮干し…………………8尾前後
（煮干しの大きさによる）
水…………………………カップ5

作り方

① **煮干しの頭をとり、腹側の黒いわたを取り除く**（ポイント❶）。
② **分量の水につけて15〜30分おく**（ポイント❷）。
③ **②を中火にかけ、フツフツしてきたら弱火にして10分ゆらゆらフツフツと煮る。**

おいしいポイント その❶

頭やわたは とらなくてもOK
頭やわたは、基本的にはとりましょう。わたはえぐみもあるので、とれば澄んだ味に。

おいしいポイント その❷

基本は水につける
冬なら一晩おいたり、朝つけて夕飯でもいい。夏は傷む可能性があるので冷蔵庫ならOK。

おいしいポイント その❸

そのままでもOK
だしをとった煮干しは、入れたままでも構いません。でも、おもてなしなどのときは取り出して。

だしのキホン

◎カップ5の水に対し、大きな煮干しなら8尾前後、小さいものなら12尾前後がいいでしょう。厚みがあり青光りしているものを選んで。

うまみダブル使いは、お吸いものにぴったり

削り節＋昆布

材　料　（4人分）

昆布……………………………10㎝
削り節……………………1つかみ（10g）
水…………………………カップ４～５

作り方

① **昆布は表面をサッと水で洗い、分量の水に30分～1時間つける**（ポイント❶）。

② **①を中火にかけ、フツフツしてきたら弱火にして削り節を加える。ごく弱火で1分ほどゆらゆらさせたら火を止め、網じゃくしなどで昆布と一緒にこしてお玉やスプーンの底でキュッと絞る**（ポイント❷）。

おいしいポイント その❶

洗いすぎに注意して

昆布は洗いすぎずにサッと水で流す程度に。つける時間は30分～1時間あればベスト。

おいしいポイント その❷

昆布を取り出すタイミング

カツ代流では煮立つ寸前に取り出しません。弱火で1～2分煮るのがオススメです。

おいしいポイント その❸

多めに作って保存

汁もの以外にも、煮浸しや和えものなどにもよく合います。3～4日は冷蔵庫保存もOK。

だしのキホン

◎昆布は煮干しと同様、水から煮てうまみを出します。昆布は日高が購入しやすく便利。早煮昆布は煮もの用なので注意して！

みそ汁バリエ4種

てっぱんの具材組み合わせ。味が薄いときは、しょうゆで調えるのがオススメ

人気NO１の組み合わせ

じゃが芋＋玉ねぎ

材　料　（2人分）

じゃが芋……………………1個
玉ねぎ……………………¼個
だし汁………………カップ2
みそ……………大さじ1～1½

作り方

① **じゃが芋は一口大に切り、ザッと水洗いする。玉ねぎは繊維に沿って薄切りにする。**
② **だし汁に玉ねぎ、じゃが芋を入れてふたをして中火にかける。5分ほど煮て、じゃが芋に火が通ったら、みそを溶き入れて火を止める。**

豆腐は小さめがオススメ

なめこ豆腐

材　料　（2人分）

なめこ………………小½袋
豆腐…………………………¼丁
だし汁………………カップ2
みそ……………大さじ1～1½

作り方

① **なめこはざっと洗って、ざるで水けをきる。豆腐は水を入れたボウルにザブリと放つ。水けをきり、1㎝角のさいの目に切る。**
② **だし汁を火にかけ、フツフツしてきたらなめこを入れて、火を止め、みそを溶き入れる。**
③ **②を火にかけ、フツフツと沸いてきたら、豆腐を入れて、すぐに火を止める。**

◎豆腐はあまり煮ないほうがおいしいので、すぐ熱くなる小さめのサイズに切ります。大きく切った場合は、だしでごく弱火で煮て温めてからみそを溶かして。

ちょっと甘めのみそと相性が抜群

キャベツ

材　料　（2人分）

キャベツ…………………大１枚
油揚げ……………………½枚
だし汁……………………カップ２
みそ………………大さじ１～１½

作り方

① **キャベツは一口大に切る。油揚げは湯で洗って、ギュッと絞り、1㎝幅に切る。**
② **だし汁を火にかけ、フツフツしてきたら、キャベツと油揚げを加える。**
③ **2～3分煮たら、みそを溶き入れ、火を止める。**

◎キャベツは春と秋では、煮える時間が違うので、煮る時間はあくまでも目安。春キャベツは、1分もしないで火が通ります。

みそは少し控えめに

わかめ

材　料　（2人分）

塩蔵わかめ（もどして）……カップ¼
細ねぎ……………………少々
だし汁……………………カップ２
みそ………………大さじ１～１強

作り方

① **水でもどしたわかめは、よく洗って十分に塩けをぬき、2㎝長さに切る。カットわかめならそのまま。細ねぎは小口切りにする。**
② **だし汁を火にかけ、フツフツしてきたら火を止め、みそを溶き入れる。**
③ **②を火にかけ、フツッとしたらわかめを加えてすぐに火を止める。**
④ **椀に③を盛りつけ、細ねぎを散らす。**

◎わかめに塩分があるので、みその量は味をみながら入れて。薄めくらいでちょうどいいことが多い。

吸いものバリエ4種

味をつけたらグラグラ煮ない！　押さえておきたい吸いもののベスト4

溶き卵を細長く落としてふんわりに

かき玉

材　料　（2人分）

卵		1個
だし汁		カップ2
A	塩	小さじ¼
	酒	大さじ½
	しょうゆ	小さじ½
B	片栗粉	小さじ½
	水	小さじ1
おろししょうが		少々

作り方

① 卵は溶きほぐす。Bは合わせて溶いておく。
② だし汁を火にかけ、フツフツしてきたら火を止め、Aを加えて味を調える。
③ ②に水溶き片栗粉を加え、再び火にかけフツフツしてきたら溶き卵を上から細長く流し入れる。ふんわり卵が浮いてきたら火を止める。
④ 椀に③を盛りつけ、おろししょうがを添える。

わずかのこしょうが絶品の隠し味

あさり

材　料　（2人分）

あさり		150g
水		カップ2
A	塩	小さじ¼
	酒	大さじ½
	しょうゆ	小さじ1
	こしょう	少々

作り方

① あさりと分量の水を中火にかける。
② フツフツして、あさりの口がパカパカとあいたら火を止め、Aを加えて味を調える。

◎貝類の吸いものは、味をつけた後にいつまでも煮ると味がどんどん落ちるので注意して。

麩の吸いものは一年中の定番

麩＋三つ葉

材　料　（2人分）

	麩	適量
	三つ葉	適量
	だし汁	カップ2
A	酒	小さじ1
A	塩	小さじ¼
A	薄口しょうゆ	小さじ½

作り方

① 麩は表示通りにもどし、手でやさしくしっかり水けを絞る。三つ葉は1㎝長さに切る。

② だし汁を火にかけ、フツフツしてきたらAを加えて味を調える。①のもどした麩を加える。

③ 椀に②を盛りつけ、三つ葉を添える。

冬はゆず。夏は青じそと季節感を

湯葉＋青じそ

材　料　（2人分）

	湯葉	2枚
	豆腐	⅛丁
	だし汁	カップ2
A	薄口しょうゆ	小さじ1
A	酒	小さじ1
A	塩	少々
	青じそ	2枚

作り方

① 湯葉は表示通りにもどし、椀に入れる。

② 豆腐は1㎝角のさいの目、青じそはざく切りにする。

③ だし汁を火にかけ、フツフツしてきたら、豆腐を入れ、すぐにAを加えて味を調え火を止める。

④ 椀に③を盛りつける。青じそを添える。

小林カツ代キッチンスタジオ

料理研究家、小林カツ代が設立した料理のスペシャリストのグループ。料理書の著作・監修、テレビ、雑誌などの出演および料理製作、携帯サイト「カツ代の家庭料理」でのコンテンツの発信、企業などへの食品アドバイザー、そのほか料理教室の運営･講師派遣など食の世界で幅広く活躍中。

「KATSUYO レシピ」が携帯電話・スマートフォン・PC・タブレットでお楽しみいただけます。
http://katsuyo.net/

※一部の機種でご利用いただけない場合がございます。

デザイン • 小沢　茴　　撮影 • 木村　拓　　スタイリング • 朴　玲愛　　構成・編集 • 安武晶子　　協力 • 本田明子 キッチンオフィス

講談社のお料理 BOOK
小林《こばやし》カツ代《よ》の「母《はは》おかず」基本《きほん》の和食《わしょく》
2011年10月13日　第１刷発行
2014年 2月24日　第２刷発行

著　者　小林《こばやし》カツ代《よ》キッチンスタジオ
発行者　鈴木　哲
発行所　株式会社講談社
〒112-8001　東京都文京区音羽2-12-21
電　話　編集部　03-5395-3527
販売部　03-5395-3625
業務部　03-5395-3615
印刷所　日本写真印刷株式会社
製本所　大口製本印刷株式会社

ISBN978-4-06-299539-9